LA FUTURE
ÉGLISE DE MONTMARTRE

OU

LE VŒU NATIONAL DE LA FRANCE

AU SACRÉ-CŒUR DE JÉSUS

PAR UN CATHOLIQUE

(Auteur de plusieurs autres ouvrages)

DÉDIÉ A TOUS LES SOUSCRIPTEURS ET A LA JEUNESSE CHRÉTIENNE

Credidi, propter quod locutus sum:
Ego autem humiliatus sum nimis.

(Psaume cxv, v. 1.)

O jour trois fois béni! la France catholique
A Paray-le-Monial, dans une église antique,
Vient affirmer sa foi par un vœu solennel
Et jure au Sacré-Cœur un amour éternel.

. . . .

Ce projet nous sourit, cet espoir nous console,
Ce monument sacré deviendra le symbôle
De *l'Arche d'alliance* au milieu de Paris,
Le Temple de la paix pour notre cher Pays!

SE VEND AU PROFIT DE L'ŒUVRE DU VŒU NATIONAL

Prix : 75 centimes.

PARIS

SE TROUVE AU BUREAU DE LA SEMAINE RELIGIEUSE

5, PLACE DU PANTHÉON, 5

ET CHEZ LES PRINCIPAUX LIBRAIRES

PARIS. — E. DE SOYE ET FILS, IMPR., 5, PL. DU PANTHÉON.

LA FUTURE
ÉGLISE DE MONTMÁRTRE

OU

LE VŒU NATIONAL DE LA FRANCE

AU SACRÉ-CŒUR DE JÉSUS

PAR UN CATHOLIQUE
(Auteur de plusieurs autres ouvrages)

DÉDIÉ A TOUS LES SOUSCRIPTEURS ET A LA JEUNESSE CHRÉTIENNE

Credidi, propter quod locutus sum:
Ego autem humiliatus sum nimis.
(Psaume CXV, v. 1.)

O jour trois fois béni! la France catholique
A Paray-le-Monial, dans une église antique,
Vient affirmer sa foi par un vœu solennel
Et jure au Sacré-Cœur un amour éternel.
. . . .
Ce projet nous sourit, cet espoir nous console,
Ce monument sacré deviendra le symbole
De *l'Arche d'alliance* au milieu de Paris,
Le Temple de la prière pour notre cher Pays!

SE VEND AU PROFIT DE L'ŒUVRE DU VŒU NATIONAL

Prix : 75 centimes.

PARIS

SE TROUVE AU BUREAU DE LA SEMAINE RELIGIEUSE

5, PLACE DU PANTHÉON, 5

ET CHEZ LES PRINCIPAUX LIBRAIRES

SINCÈRE ET RESPECTUEUX HOMMAGE

OFFERT AU SACRÉ-CŒUR DE JÉSUS

Seigneur, ce monument qui vous est consacré
Pour rendre un juste hommage à votre Cœur sacré
Sera de tous nos maux le remède efficace
De là découleront les trésors de la grâce !
Une seconde fois, soyez notre Sauveur
Notre appui, notre guide et notre protecteur.
Oui, nous plaçons en vous notre unique espérance,
Oui, nous avons la foi, la ferme confiance
Que la paix va régner dans notre cher pays,
Que vous protégerez et la France et Paris,
Que vous en bannirez la haine et la discorde,
Pour y faire fleurir la paix et la concorde !

A NOTRE-DAME D'ESPÉRANCE

O vous, des affligés douce consolatrice,
Mère du Rédempteur, puissante protectrice,
Vous qui sur les Français répandez vos bienfaits,
Priez, priez pour nous, obtenez-nous la paix !
Ce que vous demandez, votre Fils vous l'accorde,
Prodiguant les trésors de sa miséricorde.
Daignez ouvrir les bras à vos pauvres enfants,
Et servir d'interprète aux pécheurs repentants.
Intercédez pour eux, ô bonne et tendre Mère,
Et daignez exaucer notre ardente prière !

NOTICE HISTORIQUE SUR MONTMARTRE

Depuis qu'il est question d'ériger une église au Sacré-
Cœur de Jésus sur les hauteurs de Montmartre, les regards
des catholiques se tournent souvent vers cette colline ar-
rosée du sang des martyrs et qui, tous les ans, voit de
nombreux fidèles faire un pieux pèlerinage en mai et en
septembre. Les souscripteurs, auxquels on dédie cette bro-
chure liront avec intérêt la notice extraite d'un excellent
livre (publié en 1862, par M. de Trétaigne), dont l'auteur
a fait de savantes et consciencieuses recherches sur tout
ce qui concerne Montmartre. — Sur ce terrain où s'éche-
lonnent en amphithéâtre plus de 2,000 maisons on
voyait autrefois des vignobles et, çà et là, les rustiques
habitations de ceux qui les cultivaient. Un bois s'élevait
au sommet de la colline. — Du temps de la domination
romaine dans les Gaules le paganisme y construisit
d'abord un monument à Mars, puis ensuite un à Mercure,
au milieu d'un bois à l'Occident. Après la mort glorieuse
de saint Denis on édifia une chapelle à peu de distance
des ruines du temple de Mars. — Environ l'an 250 de
J.-C., sous l'empereur Dèce, saint Denis vint dans les
Gaules pour y prêcher le christianisme et, surmontant
tous les obstacles, il établit à Lutèce le culte du vrai Dieu.
Plus de 20 ans après, en 273 ou 275, l'apôtre de la future
capitale de la France, avait déjà converti beaucoup de
païens et s'était attiré la haine des Romains. Le prévôt
romain d'après les ordres d'Aurélien fait emprisonner
saint Denis avec ses deux compagnons, Rustique et Eleu-
thère ; on leur fait subir de cruelles tortures, puis on les
amène à Montmartre, théâtre ordinaire des prédications
de l'évêque, qui venait fréquemment sur cette colline pour
se livrer à la prière et à la méditation. Après avoir refusé
de sacrifier à Mercure, ils furent fustigés et ensuite déca-
pités. Plus tard on construisit une petite chapelle à l'endroit même où les trois saints subirent le martyre. Dago-
bert Ier avait décidé que les criminels qui chercheraient un

refuge en cette chapelle seraient à l'abri des poursuites de la justice.

En 1096, un seigneur, Vautien Payen et sa femme, la comtesse Hodierne, propriétaires de Montmartre, cédèrent leurs droits sur cette montagne aux religieux de Saint-Martin des Champs, qui établirent un prieuré de l'ordre de Cluny sous la règle et l'observance de saint Benoît. La donation comprenait l'église de Montmartre érigée en paroisse au dixième siècle et les terrains nécessaires pour construire les bâtiments et en outre la chapelle des martyrs. Ces religieux ne possédèrent Montmartre que 37 ans jusqu'en 1133. Louis-le-Gros et Adélaïde de Savoie eurent la pieuse pensée de choisir cette colline pour y établir un couvent de religieuses Bénédictines. Thibaud, prieur du couvent de Saint-Martin, céda au roi l'église, la chapelle, les terres et les vignes qu'ils avaient à Montmartre et Louis VI dota ce nouveau couvent de maisons, moulins, métairies, bois, vignes, et fiefs et leur abandonna le droit de pêche qu'il possédait à Paris. Les successeurs de Louis VI firent aussi des dons considérables à ce monastère. La réputation de piété des religieuses fit désirer à Mathilde, reine d'Angleterre, que le couvent fît mention d'elle et de ses parents dans les prières quotidiennes. Elle les autorisa à prendre tous les ans à Boulogne-sur-Mer 5,000 harengs (1144). — En 1147 le pape Eugène III fut à Montmartre où il officia pontificalement. Il était accompagné de saint Bernard qui laissa au monastère sa tunique, faite en toile d'argent. La reine Adélaïde épouse de Louis VI, voulant terminer pieusement sa vie, prit le voile dans l'abbaye de Montmartre où elle mourut un an après (en 1154). Le roi Louis VII, de retour du pèlerinage de Saint-Jacques de Compostelle, fut à Montmartre prier sur les cendres de sa mère.

Le 15 août 1534 Ignace de Loyola et ses compagnons vinrent dans la chapelle du martyre prononcer leurs vœux par lesquels ils se consacraient entièrement au service du Christ. Les Jésuites visitaient souvent cette chapelle du martyre pour y prier et y célébrer le saint sacrifice de la Messe principalement aux fêtes de saint Ignace et de saint François Xavier.

Parmi toutes les abbesses qui gouvernèrent Montmartre avec plus ou moins de sagesse on voit s'élever la gracieuse et séraphique figure de Marie de Beauvilliers qui, douée d'une rare beauté, se consacre au Seigneur, comme une autre Agnès dès l'âge de douze ans. Malgré les sollicitations de sa famille, elle persiste dans sa vocation et devient

— 5 —

à vingt-quatre ans abbesse de Montmartre où le relâchement s'était introduit depuis quelques années. Marie de Beauvilliers manifesta bientôt cette rare sagacité et ce caractère ferme et énergique qui ne se rebute pas des difficultés. Rien ne l'arrête, elle entreprend cette tâche épineuse de réformer le monastère. Il y avait dans le couvent trente-trois religieuses décidées à vivre selon leur volonté et à s'opposer de toutes leurs forces aux projets de réforme de leur supérieure. Elle subit en effet les mêmes persécutions que l'abbé de Rancé quand il voulut, sous Louis XIV, réformer les Trappistes. Elles essayèrent deux fois de l'empoisonner et, après le second breuvage, donné dans une tisane d'orge, il lui resta une oppression continuelle. A force de prières, de persévérance, elle atteignit enfin son but. Clément VIII apprenant le zèle infatigable de la jeune et sublime abbesse, fut tellement touché de ce récit qu'il laissa, dit-on, échapper des larmes de joie. Sous son administration on découvrit une crypte souterraine (en 1611) dans laquelle on retrouva les vestiges d'une ancienne chapelle qu'on crut être celle où saint Denis venait à l'abri des persécutions prier, méditer et célébrer les saints mystères, accompagné d'un certain nombre de fidèles. Beaucoup de curieux voulurent visiter cette crypte (1).

Enfin, après avoir gouverné pendant soixante ans l'abbaye avec une rare sagacité elle fut recevoir la récompense de ses vertus et mourut en 1658 ; par son intelligente direction le monastère de Montmartre devint, après l'abbaye de Saint-Denis, le plus important et le plus riche du diocèse de Paris et un des plus célèbres de l'ordre de Saint-Benoît. Sur 229 jeunes filles auxquelles elle a donné le voile plus de 50 ont été appelées à réformer, établir ou diriger des maisons de l'ordre de Saint-Benoît. Sa réputation de sagesse et de sainteté était tellement répandue qu'on lui demandait des conseils de plusieurs couvents de France. — En 1760 le couvent de Montmartre, dans une position admirable, les bâtiments vastes, les jardins immenses, était compté au nombre des maisons religieuses les plus célèbres de France. Un grand nombre de jeunes filles appartenant aux plus illustres maisons du royaume venaient y faire leur éducation. La fille du charitable duc de Penthièvre depuis duchesse de Chartres et mère du roi Louis-Philippe y resta pensionnaire pendant quatorze ans. — La communauté de Montmartre comptait

(1) Montmartre reçut vers ce temps la visite de saint François de Sales.

avant la Révolution à peu près 700 feux, laboureurs, bourgeois, négociants, marchands dont 431 payaient la taille. Le territoire de Montmartre, du côté du midi, commençait alors aux rues Saint-Lazare et Lamartine. Cette colline gypseuse, dont la hauteur est de 105 mètres, fournissait assez de plâtre pour suffire aux trois quarts des constructions de Paris et on en exportait chaque année une quantité considérable. — L'abbaye renfermait 37 arpents et dans l'enclos un bois de haute futaie offrait aux religieuses et aux pensionnaires ses ombrages épais pour leurs promenades. Le 19 août 1792 les religieuses durent obéir à la Commune de Paris qui ne leur donna que trois jours comme à tous les ordres monastiques pour quitter leur demeure.

Le mobilier fut vendu et dispersé et bientôt tous ces bâtiments, séjour de la piété, de la paix et de l'ordre, furent démolis successivement, à peine si l'on voit où s'élevait le monastère. — La pieuse et respectable abbesse, Marie-Louise de Laval, duchesse de Montmorency, âgée de soixante et onze ans gouvernait l'abbaye depuis 1760 ; poursuivie jusque dans l'asile hospitalier où elle s'était réfugiée, elle termina sur l'échafaud une vie entièrement consacrée à Dieu et aux bonnes œuvres. Elle mourut ainsi que plusieurs illustres personnages le 6 août 1794, le même jour que Mme de Soyecourt, mère spirituelle des Bénédictines actuelles. En 1814 et 1815 la colline de Montmartre, fortifiée et défendue par les élèves de l'Ecole polytechnique et des lycées, arrêta les alliés et fit éprouver de très-grandes pertes à leurs armées.

Autrefois on voyait à Montmartre beaucoup de moulins à vent. Le poëte Regnard dit :

> On voit Montmartre enfin dont les antres profonds,
> Fournissent à Paris l'honneur de ses plafonds,
> Et dont les vingt moulins, les ailes étendues.
> M'apprennent chaque jour que vent chasse les nues.

Paris vu des hauteurs de Montmartre. — Admirable point de
vue. — Rapide et fidèle description des plus beaux monuments
de la Capitale. — Paris centre de la science, asile des beaux-
arts. — Ses titres glorieux. — Son inépuisable charité adopte
tous les orphelins, soulage toutes les misères. — Il lui sera
beaucoup pardonné parce qu'elle a beaucoup aimé. — Sa justi-
fication. — Paris compte plus de cent justes. — Dialogue d'un
Espagnol et d'un Français contemplant ensemble le beau panorama que présente Paris. — La patronne de Paris. — Détails
pleins d'exactitude sur l'emplacement où l'on va construire
l'Eglise consacrée au Sacré-Cœur de Jésus, pour accomplir le
vœu national. — Cette église magnifique sera le temple de la
Paix pour notre cher pays, l'Arche d'alliance au milieu de Paris,
et, suivant l'expression de Mgr l'archevêque, « ce temple élevé
par nos mains, semblable à la Tour de David d'où pendaient
mille boucliers, deviendra pour nous une citadelle inexpugnable
qui protégera Paris et notre patrie. »

Quand on veut voir Paris dans toute sa splendeur
Il faut, par un beau jour, gravir cette hauteur (1)
Où l'on voit les débris d'une chapelle antique,
Où jadis saint Denis, Éleuthère et Rustique,
Confessant Jésus-Christ et sa divine loi,
Subirent le martyre en affirmant leur foi !
Et, de là l'on découvre un horizon immense,
Un point de vue unique ; on l'admire en silence.
Portant autour de soi des regards incertains,
On voit des bois touffus et des coteaux lointains,
Dans un pli de terrain on devine la Seine,
Suivant vers l'Océan le penchant qui l'entraîne.
Puis, quand le visiteur a gravi lestement,
Ces nombreux escaliers et cet escarpement,
Il doit monter plus haut, il faut gravir encore
Les degrés de la tour (2) qu'un beau drapeau décore :

(1) Montmartre ou le mont des martyrs.
(2) La tour de Solférino construite en 1859. On y monte
par 110 marches. .

Des milliers de maisons, des clochers élégants,
Des temples, des palais, splendides monuments,
Ce beau panorama qui se montre à sa vue
L'étonne, le ravit par sa vaste étendue !
Centre de la science, asile des beaux arts !
Ton aspect le transporte et charme ses regards.
Reine de l'industrie, ô ville sans rivale !
Pour la science et l'art tu n'eus jamais d'égale !
Oui, plaçons en regard de souvenirs honteux (1)
De notre cher Paris les titres glorieux.
Reine de l'éloquence, on a vu Lacordaire,
Ravignan, Bourdaloue y briller dans la chaire !
Dans la littérature on cite Fénelon,
La Bruyère et Pascal, Bossuet, Massillon.
Et pour la poésie on nomme avec Racine,
La Fontaine, Rousseau, Delille, Lamartine.
Reine de la peinture, on voit près du Poussin,
Vernet, Paul Delaroche, Ary Schœffer, Flandrin.
Et Paris porte encor le sceptre de l'histoire.
De quelques noms connus rappelons la mémoire,
Mably, Gaillard, Rollin, Theis, Barthélemy,
Et le savant Monteil et le docte Thierry.
L'astronome, du haut de ton Observatoire,
Vient du ciel étoilé nous raconter la gloire.
Reine de la science, on admire Cuvier,
Buffon et Réaumur, Gay-Lussac, Lavoisier.
Plus de cent noms encor s'offriraient à la plume,
Et pour en bien parler il faudrait un volume.
On ne peut retracer qu'un imparfait croquis
De tous ces noms fameux, de ces talents exquis.
Et l'on vient seulement, comme une Ruth timide,
Glaner quelques épis d'une moisson splendide....
Non ! rien ne te surpasse, ô merveilleux Paris,
A mille riens charmants tu sais donner du prix.

(1) Les souvenirs de la Commune.

Oui, tu sais transformer les plus petites choses,
Du terrain le plus sec faire éclore des roses !
Tes adroits artisans, actifs, industrieux,
Fabriquent à l'envi des objets précieux !
Vrai bazar de l'Europe, ô ville ingénieuse !
Qui pourrait raconter l'histoire curieuse
De tes nombreux travaux de ces mille ateliers ?
Occupant tous les jours de braves ouvriers,
Dominant les maisons de hautes cheminées
Sont sans ordre et sans plan partout disséminées,
Et rappellent que là des bras laborieux
Enrichissent Paris de produits merveilleux !
Je vois tes hôpitaux et tes imprimeries,
D'où l'on devrait bannir les ouvrages impies,
Et ce Conservatoire, où Vaucanson, Jacquart,
Étalent, à nos yeux, les prodiges de l'art.
Je vois tes mille hôtels, d'élégante structure,
Entrecoupés partout de lignes de verdure,
Et tes vastes jardins, que tous je reconnais (1)
Offrent aux promeneurs leurs ombrages épais.
Et tes beaux boulevards, dont la double ceinture,
De la vaste cité, dessinent la courbure
Et sur lesquels on voit toujours des promeneurs
Jetant sur les passants des yeux inquisiteurs.
Et l'hôtel de Cluny et les Champs-Élysées,
Et l'Arc triomphal, les couvents, les musées.
Oui, souvent dans tes murs, de riches étrangers
Se fixent pour toujours ; même les plus légers,
Ne pouvant te quitter, ô ville enchanteresse,
Pour domicile enfin, ils choisissent Lutèce !
Et de ses habitants l'esprit, l'aménité,
Les fait trouver Paris un séjour enchanté.

(1) Le Jardin des Plantes, le Luxembourg, Les Tuileries,
Monceaux et les Champs-Élysées, les buttes Chaumont, les
squares, etc.

Ils y trouvent toujours, pour leur intelligence,
Des plaisirs délicats, les beaux arts, la science ;
Comme Armide autrefois captivait ses amants,
Tu les séduis aussi par tes charmes puissants,
Tout cède à tes attraits et même le plus sage.
En voulez-vous avoir un frappant témoignage?
Entrez dans nos dortoirs, voyez ces monuments,
De regrets, de douleurs, symboles éclatants,
Et dans ces champs des morts où reposent nos pères
Comptez combien on voit de tombes étrangères !
Près d'un Américain je vois un Portugais,
Là c'est un seigneur Russe et plus bas un Anglais.
On découvre de loin ces trois beaux cimetières,
De nos morts regrettés les demeures dernières.
Avec un télescope on distingue très-bien
La croix, seul ornement du tombeau du chrétien;
Seul au déclin du jour on s'y promène, on aime
A visiter souvent cet asile suprême,
Où jamais il n'entra nul chagrin, nul souci ;
C'est là qu'en espérance on se repose aussi.
Pour tous ces morts chéris on fait une prière,
Plusieurs d'entre eux n'ont pas un ami sur la terre.
Mais de ta charité la vaste extension
Excite au plus haut point mon admiration.
Paris ouvre toujours ses bras à la misère,
De tous les orphelins se déclare la mère !
Au farouche Timon qui veut t'exterminer
On répondra toujours qu'il faut te pardonner :
Si l'on y voit souvent des vices et des crimes,
On y rencontre aussi des dévouements sublimes,
Et les Parisiens nobles et généreux,
N'abandonnent jamais leurs frères malheureux.
Non ! tu ne peux périr ! ta charité parfaite
Aux yeux de l'Eternel t'absout et te rachète !
J'entendis, récemment, de sévères censeurs
Lancer contre Paris des traits accusateurs :

C'est un nid de vipères, il le faudrait détruire,
Ce sont des factieux qui ne cherchent qu'à nuire.
En regardant Paris, on se sent attendrir,
On ne peut que prier, pardonner et bénir.
Qui pourrait te maudire, ô ville trop chérie?
Qui peut te refuser sa tendre sympathie?
Mais plus on s'intéresse à ta sécurité
Plus on veut de ton sein bannir l'impiété;
Et que des plus pervers l'audace fût punie,
Qu'ils soient tous transportés dans la Calédonie,
Afin que leurs écrits, leurs discours corrupteurs
Ne viennent plus gâter et pervertir les cœurs.
Que la jeunesse enfin n'en soit plus infectée,
Que la religion par tous soit respectée!
Puisse le tout-puissant toujours te protéger,
Ecarter de tes murs, le péril, le danger,
En bannir à jamais la discorde et la guerre,
Nous accorder toujours son appui tutélaire !
Timon, si tu te plains, que c'est là te trahir
Fais-toi des ennemis que je puisse haïr (1).
Dans les siècles passés, quand les Israélites
Etablirent leur camp aux champs des Moabites ,
Les vieillards de Moab, pénétrés de frayeur,
Invitent Balaam, par un ambassadeur,
Qui, de la part du roi, devait aller lui dire :
Un ennemi paraît, venez pour le maudire...
On lui propose en vain de l'or et de l'argent,
Mais toujours le Seigneur, par deux fois lui défend
Sur son peuple béni de lancer l'anathème ;
Ce serait s'insurger contre Jéhovah même!
Balaam part enfin, il gravit la hauteur
Et prédit de Jacob la future grandeur ;
Il exalte Israël, car c'est Dieu qui l'inspire
Et dicte malgré lui tout ce qu'il doit prédire ;

(1) Corneille, les Horaces.

Forcé d'exécuter l'ordre de l'Eternel,
Comme un autre Moïse il bénit Israël.
Il ne peut obéir à leur haine farouche
Et le Seigneur lui-même a parlé par sa bouche.
Quand jadis Abraham implorait le Seigneur
Pour un peuple rebelle et prévaricateur,
Il eût fait révoquer la sentence sévère
Et d'un juge irrité désarmé la colère,
Si dix des habitants, justes et vertueux,
Elevant leurs regards et leurs cœurs vers les cieux,
Par leurs pleurs, leurs soupirs, leurs ardentes prières,
Avaient sollicité le pardon de leurs frères.
S'il existe à Paris des fourbes, des brigands,
Qui ne connaissent pas vos saints commandements,
Et s'il est parmi nous des ingrats, des injustes,
Seigneur, notre cité compte plus de cent justes,
Qui de vos saintes lois fervents observateurs
Obtiendront à la fin le pardon des pécheurs.
Ils marchent devant vous, ainsi que Zacharie,
Leurs vertus embaumant notre cité chérie,
Aux prévaricateurs serviront de remparts,
Vous arrêtez sur eux vos paternels regards ;
Comme autrefois saint Paul préserva du naufrage
Du vaisseau qu'il montait le nombreux équipage,
Par sa rare vertu le sauvant du trépas,
Non, cher petit vaisseau (1), tu ne périras pas !
Si Dieu daigne prêter l'oreille à nos prières
Et ne pas te livrer à des mains téméraires,
Tu vogueras toujours gracieux et léger,
Dieu ne laissera pas les flots te submerger.
Ces pilotes obscurs qui, pleins de suffisance,
Voulaient te gouverner malgré leur ignorance,
Dans des gouffres profonds nous auraient fait sombrer.
De tous leurs noirs complots daignez nous préserver,

(1) On sait que la ville de Paris a un vaisseau pour ses armes avec cette devise : *Fluctuat nec mergitur.*

Afin que de ses maux la France enfin respire.
A la stabilité chacun de nous aspire,
Nos voisins stupéfaits diront d'un air surpris,
Nous n'y comprenons rien ! regardez donc Paris !
Oui, Dieu pour les Français a fait de grandes choses !
Cet inique traité dont vous savez les clauses
Devait les écraser et les anéantir,
Comment d'un tel impasse ont-ils donc pu sortir !
Oui, Dieu la soutenant de ses mains paternelles
Abrite enfin la France à l'ombre de ses ailes.....
Espérons fermement, car depuis nos malheurs
Nous avons dans le ciel beaucoup d'intercesseurs,
La Religion donnant la main à la Justice (1)
Consommèrent ensemble un noble sacrifice,
Arrosant notre sol de leur sang généreux.
Dieu peut-il refuser ces martyrs glorieux ?
Ainsi toujours agit la charité chrétienne.
Priant pour leur bourreaux comme autrefois Etienne,
Plaignant ces insensés, bien loin de les haïr,
On les vit en mourant pardonner et bénir !
Veux-tu que dans tes murs la paix toujours fleurisse,
Que tout prospère enfin et que Dieu te bénisse ?
Redouble tes efforts, généreuse cité,
Prends l'or à pleines mains, et par ta charité,
De notre Rédempteur reproduis les merveilles,
D'un pain miraculeux, remplis douze corbeilles.
Pour attirer du ciel les bénédictions
Tu vas multiplier les bonnes actions,
Pour les bons ouvriers redoublant de tendresse
Avec sollicitude, avec délicatesse,
Ainsi qu'un tendre ami veillant sur leurs besoins,
Les visiter souvent, leur prodiguer des soins,
Et renonçant pour eux à des objets futiles
Consacrer cet argent à des œuvres utiles.

(1) Mgr Darboy et M. le président Bonjean.

Tandis qu'examinant ces graves questions,
Je restais absorbé dans mes réflexions ;
Sur mille objets divers portant ma rêverie
Formant des vœux ardents pour ma chère patrie,
A mes regards soudain paraît un étranger.
Il s'approche de moi, vient pour m'interroger :
« Seigneur un Espagnol, exilé de Séville,
Et qui depuis dix jours habite votre ville,
Voudrait savoir le nom du patron respecté
Qui veille sur Paris, protége la cité?
— Ce n'est point un patron, c'est une humble patronne ;
Geneviève est son nom, la gloire l'environne.
Elle veille sur nous depuis treize cents ans,
Nous l'invoquons toujours dans nos dangers pressants ;
C'est une vierge, enfin c'est le lys de Nanterre,
Une fille des champs, une simple bergère,
Qui gardait ses brebis, aimait l'obscurité,
Et dut sa renommée à son humilité.
Aimer, servir son Dieu fut sa constante étude,
Son unique souci, sa seule inquiétude ;
Solitaire et cachée, en un obscur hameau,
Et filant sa quenouille en gardant son troupeau,
Jamais l'or ne brilla sur sa simple toilette,
La croix fut son trésor, son sceptre sa houlette ;
Les plus rares vertus, voilà ses ornements,
Surpassant en beauté les perles, les diamants.
On voyait rayonner sur ce front si modeste
Des saints les plus fameux l'auréole céleste
Tel qu'un lys printanier, éclos dès le matin,
Sa sainteté précoce étonna saint Germain !
— Cet éloge me plaît, il m'est doux de l'entendre ;
Mais du reste il n'a rien qui doive me surprendre,
Car de ma nation le puissant protecteur
Etait tout simplement un simple laboureur,
Et pour notre patron nous avons Isidore,
Que tout Madrid révère et que l'Espagne implore.

Toujours la sainteté surpasse les grandeurs,
Et Dieu veut exalter ses humbles serviteurs ;
Les rois et les guerriers, devant lui tout s'incline,
Malgré son rang obscur, sa modeste origine,
Isidore est l'objet du culte des chrétiens ;
J'en excepte pourtant les modernes païens.
Seigneur de vos moments peut-être que j'abuse,
Mon titre d'étranger me servira d'excuse
Mais je suis curieux, je questionne toujours :
Veuillez me dire encor quels sont ces deux tours ?
Malgré mon noir chagrin et mon humeur morose,
Toujours avec bonheur mon regard se repose,
Sur les temples sacrés, séjour du Roi des rois.
Quel est de ce côté celui que j'aperçois ?
— C'est du grand saint Vincent la magnifique église
Dont les colonnes sont d'une élégance exquise,
Et je crois voir de loin défiler sous mes yeux,
Ces groupes si parfaits, graves, majestueux
Dont l'illustre Flandrin décora la coupole.
Pour vous les retracer qu'est-ce que ma parole ?
L'amour avec la foi, conduisant ses pinceaux,
Il dota Saint-Vincent de sublimes tableaux.
Cent asiles bénits, séjours de la prière,
Où notre Dieu réside, au fond du sanctuaire,
Offrent des reposoirs où tous les malheureux
Vont visiter Celui qui leur promet les cieux,
Et pleins de confiance, en leur céleste Père,
Le cœur, rempli d'espoir, dévoilent leur misère.
Voilà le temple antique (1), aimé de nos aïeux,
Où sont allés prier tant de chrétiens pieux.
Vingt générations ont passé sous sa voûte,
Dans ces siècles de foi, nul ne connut le doute.
Quels seraient leur douleur et leur étonnement
En voyant de leurs fils le refroidissement !

(1) Notre-Dame de Paris.

Non loin du Luxembourg, je vois avec délice
Saint-Etienne du Mont, les tours de Saint-Sulpice.
— Bénissez le Seigneur puisqu'il n'a pas permis
Le triomphe complet de vos vils ennemis.
Quelles douleurs quels regrets ! si leur rage insensée
Avait porté partout une torche embrasée !
S'ils avaient démoli vos temples, vos autels
Ils vous auraient laissé des regrets éternels !
— Le temps leur a manqué pour accomplir ce crime,
Il a fallu céder au pouvoir légitime.
Mais, nouveaux Balthazars, tous ces audacieux
Nous avaient dérobé nos objets précieux,
Et nos vases sacrés servant à leurs orgies,
Furent tous profanés par ces tribuns impies.
Je voudrais de l'histoire arracher ces feuillets
Qui réveillent toujours les plus amers regrets.
Je vous signale aussi, temple de Geneviève,
Dont le dôme arrondi non loin de là s'élève,
Dominant tout Paris, fier et majestueux,
Semble construit exprès pour le plaisir des yeux !
Là, voyez d'un saint roi la chapelle élégante,
Admirez en passant sa flèche ravissante.
— Et ce dôme doré d'un éclat sans pareil
Qui brille et resplendit aux rayons du soleil ?
— De nos braves guerriers c'est l'asile honorable,
La France est bonne mère et se montre équitable
En nourrissant ses fils qui, sur le champ d'honneur,
Ont, dans plus d'un combat, signalé leur valeur.
Quand Louis-le-Grand bâtit ce superbe édifice
A l'armée il rendit un éminent service.
— Et quel est, dites-moi, ce vaste bâtiment
Que j'aperçois là-bas du côté du Levant ?
— C'est un grand hôpital, c'est la Salpétrière
Offrant un abri sûr à la pauvre ouvrière,
Quand la triste vieillesse ou quelque infirmité
Vient lui ravir sa force et son activité.

Rendez-vous général des misères humaines,
Assemblage confus de soucis et de peines,
Pour tous ses habitants l'horizon serait noir
Si les libres-penseurs leur enlevaient l'espoir
Qui vient les consoler, les soutient, les captive
En leur montrant toujours le ciel en perspective.
Voyez, dans le lointain, les plus tristes débris,
Du temps que les Prussiens ont assiégé Paris ;
De nos malheurs récents vous voyez les empreintes,
D'une terrible guerre, il subit les étreintes.
— Indiquez-moi la place ou le palais des rois...
De la bande sauvage on connaît les exploits !
Et je crains de poser le doigt sur la blessure...
— Hélas ! il dominait ce carré de verdure,
Vous voyez ces deux tours (1) ce vaste bâtiment
Dont il était jadis le plus bel ornement,
C'est là que ce palais, monument historique,
Elevait fièrement son dôme magnifique ;
Plus loin l'Hôtel-de-Ville, orgueil de la Cité,
Remarquable surtout par son antiquité
Et par des souvenirs, recueillis par l'histoire,
Se montrait aux regards et faisait notre gloire ;
Hélas ! les étrangers ne l'admireront plus.
Douloureux souvenirs ! ô regrets superflus !
Ils ont aussi brûlé le grenier d'abondance.
—Qui peut l'avoir détruit ?—Des hommes en démence !
Non, jamais je ne puis, sans répandre des pleurs,
De ce pauvre Paris rappeler les malheurs ;
Lorsque pendant cinq mois il subit le martyre,
Mes craintes, ma douleur allaient jusqu'au délire !
Quel fut mon désespoir et mon profond chagrin,
Quand la guerre civile éclata dans son sein !
Lorsque des insensés, proclamant l'anarchie,
Aggravèrent les maux de ma chère patrie !

(1) La tour de Saint-Germain l'Auxerrois et la tour para-
lèle à côté est le Louvre.

Je ne puis exprimer ma consternation,
En voyant les progrès de l'insurrection ;
Eh ! qui pouvait prévoir une telle folie !
Comment ! c'est quand la France était à l'agonie,
Que sous un joug de fer nous étions opprimés,
Et par les Allemands vaincus et désarmés,
Quand le cruel Bismarck, farouche, impitoyable,
Tenait levé sur nous son glaive formidable !
C'est dans un tel moment qu'on vit des factieux,
Guidés par des tribuns, pervers et orgueilleux,
Se signaler soudain par leur extravagance,
Comme pour consommer la perte de la France !
Oui, nos ennemis même en furent étonnés ;
Plongés dans la stupeur les Français consternés,
Voyaient avec effroi leurs forfaits et leurs crimes,
Et le char de l'État sur le bord des abîmes !
Que ne puis-je oublier ces jours si malheureux,
Effacer de mon cœur ces souvenirs affreux ?
— Je souffre autant que vous, nos douleurs sont communes
Nous subissons hélas ! les mêmes infortunes ;
Depuis bientôt huit mois, fugitif, exilé,
Et, regrettant Séville, inquiet, désolé,
En proie à la tristesse et fuyant l'anarchie,
Déplorant les malheurs de ma chère patrie,
Je voyage partout cherchant sous d'autres cieux
Un refuge assuré contre des furieux ;
Au sort de mon pays toujours je m'intéresse :
Des souvenirs cruels me poursuivent sans cesse,
Offrent à mes regards de lugubres tableaux,
De mes concitoyens je partage les maux.
Près d'un père chéri, dans un obscur village,
De nos aïeux en paix cultivant l'héritage,
Nous vivions ignorés, nous nous trouvions heureux,
Secourant, consolant nos voisins malheureux.
Tout-a-coup l'anarchie arborant sa bannière,
Terrifiant, ravageant l'Espagne tout entière,

Nous dépouille de tout, de ces champs que j'aimais
Du rustique manoir, mon Éden, mon palais ;
Et pour comble de maux, je perdis mon bon père.
C'est ce qui me désole et qui me désespère ;
Les malheurs de l'Espagne ont transpercé son cœur,
Depuis plus de cinq mois il est mort de douleur.
— De son père à ces maux la déchirante image
Le suffoque et des pleurs inondent son visage.
Profondément ému, partageant son chagrin,
Je m'approche de lui pour lui serrer la main.
— Seigneur, lui dis-je enfin, notre âme est immortelle,
Votre père jouit de la vie éternelle,
Et, désormais admis parmi les bienheureux,
Sur son fils bien-aimé s'il arrête les yeux,
S'il est toujours pour vous plein de sollicitude,
Vous troublez son repos et sa béatitude.
C'est Dieu qui l'a voulu, respectez ses décrets.
Vous rejoindrez au ciel l'objet de vos regrets !
— Soyez béni, Seigneur, cette bonne parole
Me rend un peu de force, à demi me console.
Avant de nous quitter, montrez-moi maintenant
Du temple projeté quel est l'emplacement.
Je sais que les Français, animés d'un saint zèle,
Elèvent à leurs frais une église nouvelle.
— Oui, Seigneur, il est vrai, car le vœu national,
Prononcé récemment à Paray-le-Monial,
S'affirme et se traduit par un temple splendide ;
Nous allons le bâtir sur ce terrain aride,
Que nous foulons aux pieds tous deux en ce moment,
Il faudra bien avant creuser le fondement,
Car il sera posé sur de vastes carrières,
Et de ce plateau creux les couches sont légères.
Oui, par un zèle ardent on va se signaler ;
La France est généreuse et ne peut reculer.
Nous donnerons beaucoup, l'amour nous le commande ;
C'est pour le Sacré-Cœur, nous doublerons l'offrande.

Pour ces vastes travaux et ces fondations,
Et pour bâtir ce temple, il faut trois millions !
Et des plus beaux tableaux il faut qu'on le décore ;
Pour couvrir tous ces frais, nous souscrirons encore :
L'amour ne compte pas, l'amour est généreux,
Ne calcule jamais pour accomplir ses vœux.
Un prélat vertueux que tout Paris révère,
Et qui de notre ville est l'ange tutélaire,
Comme un autre David s'occupe incessamment
De doter la Cité de ce saint monument.
De la foi des Français témoignage authentique,
Réclamant le concours de tout bon catholique
Pour l'accomplissement de ce vœu national ;
Et tous, cédant bientôt à l'élan général,
Apportent leur tribut, l'or du propriétaire
Et le denier béni de l'humble prolétaire
Produisent un total de sept cent mille francs !
Mais ce n'est pas assez, les frais seront plus grands.
Ah ! Seigneur, quel beau jour pour mon âme ravie !
Quand je vis au Sauveur consacrer ma patrie.
Oui, malgré nos revers et nos calamités,
L'espoir rentre déjà dans nos cœurs attristés ;
Un avenir moins sombre à nos yeux se présente,
Et la France bientôt deviendra florissante ;
Si son bras tout puissant daigne nous soulever,
L'Europe nous verra dans peu nous relever,
Appliquant à nos maux le remède efficace ;
De nos affreux malheurs on cherchera la trace.
Lui seul peut nous guérir par son secours divin,
Tel Moïse autrefois place un serpent d'airain,
Qui guérit Israël des cruelles morsures
Des serpents envoyés pour punir leurs murmures.
Moïse, obéissant à l'ordre du Seigneur,
Leur dit de regarder ce signe protecteur.
Telle est du Rédempteur la divine influence !
Ce monument pour nous, symbole d'espérance,

Lorsqu'il sera bâti, des pèlerins nombreux
Viendront de tous côtés à ce temple fameux.
Oui ! le chrétien fervent que l'amour accompagne
Toujours d'un pied léger gravira la montagne,
Et l'infirme lui-même oubliant sa langueur,
Ira rendre un hommage au divin Rédempteur !
L'amour nous rajeunit, l'amour nous électrise,
Dieu nous rend la vigueur pour aller à l'église.
Affirmant notre foi par un vœu solennel
Nous jurons au Sauveur un amour éternel !
Ce projet nous sourit, cet espoir nous console,
Ce monument sacré deviendra le symbole
De l'*arche d'alliance* au milieu de Paris
Le temple de la paix pour notre cher pays !
En voyant ces travaux, le zèle qu'on déploie,
L'ombre de saint Denis va tressaillir de joie,
Divin palladium pour la vaste cité,
Par de fervents chrétiens il sera visité,
Et tous offrant à Dieu l'encens de leurs prières
Pour qu'il accorde à tous la paix, des jours prospères
Qu'il éloigne de nous les terribles fléaux,
L'impiété surtout, source de tous nos maux,
Exile de nos murs la haine et la discorde,
Pour y faire régner la paix et la concorde.
De notre cher Paris, monument protecteur
Je brûle de te voir dominer la hauteur.
Ah ! si d'un chérubin la puissante baguette,
Le construisait soudain, du fondement au faîte,
Nous verrions à l'instant s'élever sous nos yeux
Son dôme, son clocher, ses murs majestueux,
Pour tous les souscripteurs surprise inénarrable !
Ce serait pour nous tous une joie ineffable
Et du *Salutaris* l'hymne mélodieux,
Se mêlant aux accords de l'orgue harmonieux,
Retentirait bientôt sous les voûtes bénies
Et nous verrions l'éclat de ces cérémonies !

Oui, je voudrais, pour voir plus tôt ces heureux jours,
Et des mois et des ans précipiter le cours !
— Je comprends vos désirs et votre impatience,
Toujours vous souhaitez le bonheur de la France,
Comme moi le repos d'un pays malheureux,
Et nos cœurs chaque jour forment les mêmes vœux.
Puissé-je voir bientôt cette Espagne si chère
Libre du joug de fer d'une affreuse mégère,
Imiter de Paris l'exemple édifiant,
Elever à Madrid un pareil monument.
— Quand le mal est si grand, l'espérance est prochaine,
C'est l'étroit défilé qui conduit à la plaine (1) ;
Et le calme succède à des jours orageux.
Vous verrez avant peu des temps moins désastreux,
Dieu répandant ses dons sur l'Espagne fidèle.
Bientôt tout se transforme et tout se renouvelle,
Le calme reparaît, la piété fleurit,
N'est-ce pas le Seigneur qui blesse et qui guérit ?
— Oui, quand un malheureux accablé de tristesse,
De l'espérance entend la voix enchanteresse,
Son courage renaît, il reprend sa vigueur,
Et croit dans le lointain entrevoir le bonheur.
Peut-être de Dieu même êtes-vous l'interprète,
Si j'osais le penser ! si vous étiez prophète !
— Oui, je vous le répète : *Espoir dans l'avenir !*
Et de notre entretien gardez un souvenir !
— Il faut pour gouverner une barque en détresse
Des pilotes prudents et remplis de sagesse.
Ces tribuns insensés brûlant de gouverner
Dans des gouffres sans fond voudraient vous entraîner.
Bientôt on les verrait, dans leur fougueux délire
Au milieu des écueils dirigeant le navire

(1) Un proverbe persan dit : Quand on est le plus affligé,
c'est alors qu'il faut espérer le plus de consolation, car c'est
toujours le plus étroit défilé qui conduit à la plaine.

Sans nul soin, nul souci des pauvres passagers,
Les exposer toujours aux plus affreux dangers.
De votre cher pays éloignant les tempêtes
Détournant l'ouragan qui gronde sur vos têtes,
Dieu, bientôt, dans ses mains, prenant le gouvernail,
Ramenant les brebis dans le même bercail,
Rendra l'ordre et la paix aux nations agitées,
Si de la religion les lois sont respectées.
— Puis-je espérer, Seigneur, que vous m'accorderez
Un rendez-vous au lieu que vous m'indiquerez?
C'est une grâce enfin qu'en vous quittant j'implore,
Il me serait si doux de vous revoir encore!
Oui, si, plein de bonté, vous cédiez à mes vœux
Ce jour pour l'exilé serait un jour heureux.
De nos malheurs communs nous parlerions ensemble,
Car c'est la Providence ici qui nous rassemble.
Peut-être pourriez-vous me donner des avis ;
Pour le bonheur futur de mon pauvre pays
Je cherche à découvrir quelle est donc l'origine
De cet esprit pervers, de cette indiscipline,
Et d'un œil attentif étudiant les mœurs,
Je vais de ville en ville et, depuis nos malheurs,
Je recueille des faits, j'examine, je sonde
De nos sociétés la misère profonde,
Qui peut occasionner ces bouleversements,
Ces funestes combats, tous ces événements.
— Ah combien je voudrais vous rendre ce service !
Mais sur de tels sujets je ne suis qu'un novice.
Pourtant sans hésiter, cédant à vos désirs
Je veux vous consacrer mes heures de loisirs.
Car vous avez déjà des droits à mon estime,
Comment vous refuser cet entretien intime?
Oui, dans le Luxembourg, soyez en bien certain,
Vers le déclin du jour vous me verrez demain
Et nous pourrons alors échanger nos pensées,
Épancher librement nos âmes oppressées!

— Qu'il faudrait être ingrat pour ne pas vous aimer !
Mes sentiments, seigneur, ne sauraient s'exprimer,
Mais surtout gardez-vous d'en perdre la mémoire,
Je vous attends demain près de l'Observatoire.
— Pendant qu'il s'éloignait, je le suivis des yeux
Et je restai longtemps pensif, silencieux.
Mais bientôt le jour baisse et le soleil décline.
Le cœur rempli d'espoir, je descends la colline.

Nous pouvons l'affirmer, oui, car le Christianisme
Qui seul peut expulser, terrasser l'égoïsme,
Abattre l'étendard de la rébellion,
Faire régner partout la Paix et l'Union,
Et, par sa salutaire et divine influence,
Peut *seul* régénérer, renouveler la France!

Entretien de Gonzalve et de Camille au jardin du Luxembourg. — Ils cherchent ensemble d'où proviennent les troubles, les révoltes, les insurrections qui bouleversent et désolent les peuples modernes. — Toutes ces perturbations, ces convulsions politiques naissent de l'oubli de Dieu, de l'inobservation des devoirs religieux, en un mot de l'impiété, mère de tous les vices. — L'impiété fascine, fausse le jugement, abaisse le niveau moral des nations et les attire fatalement sur le terrain de la révolte et de l'insubordination en leur présentant de chimériques et absurdes systèmes comme des réalités. — Le progrès matériel est nuisible entre des mains impies ; quand le progrès moral ne l'accompagne et ne le dirige pas, il est pernicieux et destructeur. — Un seul remède pour guérir radicalement les plaies envenimées de la société et ce remède infaillible et divin c'est le christianisme qui peut *seul* rétablir l'ordre, la paix et la sécurité parmi les nations que ravagent les guerres civiles.

CAMILLE.

Le lendemain fidèle à remplir ma promesse,
D'aller au rendez-vous, vers le soir je m'empresse ;
Pour arriver plus vite à grands pas je m'y rends,
Apercevant de loin l'étranger qui m'attend.

GONZALVE.

Ne pouvant commander à mon impatience
Et pour vous voir plus tôt je suis venu d'avance,

Je vous attendais là, sous ces hauts marronniers,
Où vous voyez assis ces paisibles rentiers.

CAMILLE.

Je devais terminer un travail important,
Sans quoi, soyez-en sûr j'en aurais fait autant,
Désirant de venir à cette conférence
Tant vous avez déjà gagné ma confiance !
Et je me suis hâté craignant d'être en retard.
Allons nous reposer sur ce banc, à l'écart.

GONZALVE.

Contemplons en causant ces ronds points de verdure,
Gracieux échantillons de la belle nature,
Car le Luxembourg offre, aux nombreux promeneurs,
De riants oasis, des ombrages, des fleurs.
Puisque selon mes vœux ce beau jour nous rassemble,
Dans un long entretien examinons ensemble
Les graves questions qui m'occupent toujours.
Lorsque de l'Esprit-Saint j'implore le secours
Je les approfondis, que sans cesse j'y pense,
Poursuivant ma recherche avec persévérance,
Et brûlant de trouver une solution,
A ce grave problème, à cette question,
Sur ce qui cause enfin, en Espagne et en France
Et cet abaissement et cette décadence.
Quand j'écoute sa voix toujours, toujours j'entends :
C'est de l'impiété les progrès incessants,
C'est de l'oubli de Dieu que proviennent ces vices
Ces perturbations, toutes ces injustices ;
Voilà ce qui produit ces insurrections,
Ces troubles, ces combats, et ces divisions.
L'homme en sa propre force a mis sa confiance,
Et refusant de Dieu la divine assistance,
Dédaignant du Seigneur le secours et l'appui,
Aveuglé par l'orgueil, ne comptant que sur lui,

Ainsi que nous voyons ces enfants téméraires
Qui ne peuvent marcher sans la main de leurs mères,
Tous ces présomptueux sont dans le même cas,
Ils trébuchent toujours, tombent à chaque pas.
Pour .tous les orgueilleux triste et funeste exemple :
Le chrétien, stupéfait, d'un œil surpris contemple
Les fautes, les écarts de ces libres-penseurs
Qui, d'un air important, proclament leurs erreurs.
Abandonnés de Dieu, livrés par l'ignorance
Aux aberrations de son intelligence,
Dans l'obscur labyrinthe il erre, il est perdu ;
Au niveau le plus bas on le voit descendre.
De la religion sitôt qu'il se sépare,
Il perd le jugement, de plus en plus s'égare
Et l'orgueil lui cachant les rayons lumineux,
L'horizon devant lui devient plus ténébreux.
Vous qui touchez bientôt au déclin de la vie,
Qui réfléchissez tant, dites-moi, je vous prie,
A quel remède enfin il faudrait recourir
Si le mal est chronique et ne peut se guérir ?

CAMILLE.

Vous avez découvert d'où naît notre misère
Ce qui produit partout la discorde et la guerre.
J'observe comme vous, toujours je réfléchis
Vous le voyez, déjà mes cheveux sont blanchis,
Succombant sous le poids de mes inquiétudes ;
Mais je n'en ai pas moins poursuivi mes études
Et le cœur plein d'amour je voudrais essayer
De combattre le mal, au moins le pallier.
Nul ne pourra jamais résoudre ce problème,
Trancher ce nœud gordien, si ce n'est Dieu lui-même,
Sans quoi du labyrinthe on ne pourra sortir ;
C'est à la Religion qu'il faut donc recourir.
L'impiété, toujours téméraire, orgueilleuse,
Fit entendre à Paris sa voix audacieuse.

Oui, tous ces insensés, ces écrivains pervers,
Outrageant, reniant le Dieu de l'univers,
Attirèrent sur nous la foudre vengeresse
Par ces écrits sortis d'une infernale presse.
On laissa dans Paris (souvenir douloureux !)
Publier un journal abominable, affreux (1),
Ce fut trois mois avant cette funeste guerre
Qui devait déchirer le sein de notre mère,
Et dont la triste fin, les monstrueux excès,
Portant le désespoir dans tous les cœurs français,
Outrageant la raison, reniant Dieu lui-même,
Lançant contre le Ciel l'insulte et l'anathème,
Par leur ingratitude et leurs iniquités,
Ont attiré sur nous mille calamités,
Et la guerre étrangère et ces guerres civiles
Qui désolent la France et ravagent nos villes.

Le châtiment fut prompt et notre souverain
De la Prusse en captif prit bientôt le chemin,
Tout tourna contre nous et notre brave armée
Se vit en frémissant captive, désarmée,
Subir le joug de fer d'un vainqueur odieux.
Nul ne vint au secours des Français malheureux !
Nous vîmes nos soldats, ô douleur infinie !
Exilés de la France, aller en Germanie.
Du reste vous savez tous ces événements
Et j'abrége à dessein des récits si navrants.

GONZALVE.

Oui Seigneur, j'ai gémi de cette guerre funeste,
Déplorant vos malheurs, oui je vous le proteste
Des larmes bien souvent vinrent baigner mes yeux
En lisant les détails de ces combats affreux.
En ce jour c'est le sort de ma chère patrie
Qui fait couler mes pleurs, empoisonne ma vie.

_____

(1) Un journal intitulé *l'Athée.*

J'ai le cœur déchiré et fais des vœux ardents
Pour voir cesser bientôt ces combats incessants ;
Puisse le Ciel touché de ma douleur amère
Pacifier mon pays, exaucer ma prière !...

CAMILLE.

Quand au déclin du jour, songeant à nos malheurs,
Au pied des saints autels je vais verser des pleurs,
Et que le cœur navré, je médite en silence
Les échecs inouis, les revers de la France,
J'en recherche la cause et dis avec douleur :
Nous avons négligé le culte du Seigneur !
Tels que des fils ingrats méconnaissant leur père
Oui, nous avons du Ciel attiré la colère,
Et bientôt cet esprit de vertige et d'erreur,
De la chute des rois funeste avant-coureur (1),
Conduisit les Français au bord du précipice
Que creusa sous leurs pas la ruse et l'artifice ;
Oui les livres maudits de Cabanis, Proudhon
Ont dans beaucoup de cœurs distillé leur poison ;
Tous ces écrits pervers infectant la jeunesse
Font qu'en notre pays l'impiété progresse (2).

GONZALVE.

Le Grec Diagoras fut d'Athènes exilé
Dès que par son audace il se fut signalé,
L'Aréopage enfin et le peuple d'Athène
Le bannit le relègue en une île lointaine.
Ils avaient en horreur cet homme dangereux
Corrompant la jeunesse et reniant les dieux.
Tremblant, qu'en entendant la voix de cet impie,
Jupiter en courroux foudroyât leur patrie.

(1) Racine, Athalie.
(2) Cabanis et Proudhon blasphèment contre Dieu et di-
sent qu'il n'existe pas.

Ils voulaient l'isoler, tel qu'un pauvre lépreux
Qui, par son souffle seul, propage un mal affreux.

CAMILLE.

Ils craignaient d'attirer la foudre et les orages,
Et d'irriter les dieux en souffrant ces outrages.

GONZALVE.

Oui, l'impiété croît, j'en suis épouvanté
Quand j'examine enfin ce progrès si vanté,
Je dis en soupirant : ces nouveaux Prométhées
De progrès en progrès deviennent des athées.
Le progrès matériel peut devenir fatal
Quand il a pour moteur un génie infernal ;
Et, il devient nuisible entre des mains impies,
Il produira souvent des crimes, des folies.
Abusant du pouvoir et de la liberté
Pour commettre le crime avec impunité,
On les verrait bientôt dans leur rage insensée,
Promener dans Paris une torche embrasée,
Commettre de sang-froid d'exécrables forfaits,
Le pétrole infernal consumer nos palais ;
Contre le Créateur levant leur tête altière
Et guidés par Satan, qu'ils adoptent pour père,
En autant de démons ils semblent transformés,
Et dans l'art de détruire artistes consommés.

CAMILLE.

Le progrès matériel est pour moi sans prestige
Quand ce n'est pas Dieu même enfin qui le dirige.
Et s'il n'est devancé par le progrès moral
Bien loin de nous aider, il aggrave le mal.
C'est le progrès moral qui m'ennoblit, m'élève,
Qui dilate mon cœur, vers le ciel me soulève,
Grandit l'intelligence, éclaire la raison,
Et du monde des arts recule l'horizon,

Qui, possédant enfin la science divine
Médite jour et nuit la céleste doctrine
Par qui l'impiété, les vices combattus,
Fait marcher le chrétien de vertus en vertus,
Et poursuivant toujours sa marche ascensionelle,
Le conduit par la main à la vie éternelle.
Tel, le docte Pascal qui tous les jours lisait
Ce cantique si beau, ce psaume si parfait
Que chantait Israël, aux plus beaux jours de fête,
Que l'amour le plus tendre inspire au roi-prophète ;
C'est enfin le plus long et le plus instructif (1),
Il ravit, il enchante un lecteur attentif
Sans jamais se lasser, il répète sans cesse :
A votre serviteur accordez la sagesse,
Et rendez-moi docile à vos commandements,
Mon cœur vous obéit et craint vos jugements.
La sagesse ! voilà le plus rare trésor,
Je la préfère à tout, même à des monceaux d'or ;
C'est mon unique bien, mon lot, mon seul partage,
Le but de mes désirs, mon meilleur héritage.
Ce psaume est admirable, il exprime l'amour,
Je l'ai précisément médité l'autre jour.

GONZALVE.

Oui, tous nos livres saints dictés par la sagesse
Peuvent seuls diriger, instruire la jeunesse.
Depuis plus de vingt ans tous les jours je les lis,
Les admirant toujours, comme un bouquet de lys,
Dont la suave odeur me ravit et m'enchante,
Dont j'aime à contempler la blancheur éclatante.
Hélas ! combien je plains nos frères égarés
Qui ne comprennent pas nos livres révérés !
Qu'aux pieds des saints autels nos ferventes prières
Implorent le Seigneur pour nos bien-aimés frères.

(1) *Beati immaculati in via*, psaume cxviii. — Pascal le lisait
tous les jours, il a 176 versets.

Offrons sans cesse à Dieu et nos vœux et nos pleurs
Pour qu'il daigne toucher et transformer leurs cœurs.
Ils se croient parvenus, tant l'erreur les abuse,
Au sommet du savoir, à la science infuse.
Prions avec ferveur pour ces enfants ingrats,
Intercédons pour eux, ne les maudissons pas.
Marchant d'un pas hardi parmi les précipices
En sublimes vertus érigeant tous les vices,
Qui ne plaindrait hélas ! ces pauvres insensés,
D'autant plus malheureux qu'ils sont plus abusés,
Qui, dans leur fol orgueil, leur profonde ignorance
Ne savent pas que Dieu leur donna l'existence,
Pour pratiquer sa loi, pour l'aimer, le bénir,
Mériter un bonheur qui ne doit pas finir !

GONZALVE.

Insensé ! tu ne peux te connaître toi-même
Et tu viens renier la majesté suprême !
C'est à Dieu que tu dois ces dons si précieux
Dont tu fais aujourd'hui cet usage odieux !
A ce Dieu tout-puissant s'il refuse de croire
Il sera terrassé sous le poids de sa gloire.
C'est un fait évident qu'on ne peut contester.
Que d'exemples fameux on en pourrait citer !
L'orgueil, l'orgueil toujours l'aveugle et le fascine,
Son jugement se fausse et son esprit décline.

CAMILLE.

Chaque jour lui ravit ses nobles facultés,
Il ne trouve partout que doute, obscurité,
Et son niveau moral de plus en plus s'abaisse ;
Le Seigneur l'abandonne à sa propre faiblesse.
Nous le voyons réduit à la stérilité,
Ce n'est plus que néant, misère, nullité.
Le figuier desséché par une main puissante
Offre de leur esprit une image frappante,

Comme Elymas jadis frappé d'aveuglement,
Leur infernal orgueil fausse leur jugement.
Tel s'éteint à nos yeux la flamme vacillante
D'une lampe sans huile et que rien n'alimente,
Je crois voir ce savant, vain et présomptueux,
Contemplant le soleil qui lui brûle les yeux.

GONZALVE.

De Simon de Tournay j'ai lu la triste histoire
Quand de son éloquence il voulut tirer gloire,
Le Seigneur irrité punit sa vanité,
Le réduit à l'instant à l'imbécillité
Expiant son orgueil et sa vaine jactance ;
Il perd, en même temps, la raison, la science,
Et, comme un automate, il redit tristement
De son Pater Noster quelques mots seulement (1).
Dieu déteste l'orgueil, dès qu'un esprit s'élève
Il perd les dons du ciel, son plus beau privilége.
Le remède à leurs maux serait l'humilité.

CAMILLE.

Par ces esprits altiers il serait rejeté,
Toujours on les entend d'une voix téméraire
Renier, outrager leur bienfaiteur, leur père.
Quoi ! malgré l'évidence ingrat, tu méconnais
Que ce Dieu de bonté te comble de bienfaits !
Blasphémant, reniant, toi qui n'es que poussière,
Le maître souverain de la nature entière !
Quoi ! rien ne peut dompter ton orgueil infernal
Quand tu reçois toujours, d'un père libéral,
Le pain qui te nourrit et l'air que tu respires !
Contre ton Créateur sans cesse tu conspires !

____

(1) Simon de Tournay ayant démontré la divinité de Jésus-Christ se vanta de prouver le contraire et de persuader les auditeurs.

Et conservant toujours ton endurcissement
Attires sur ta tête un juste châtiment.
Ta voix contre le ciel s'élève avec audace,
Mais tu ne vois donc pas l'enfer qui te menace!

GONZALVE.

N'est-il pas monstrueux, n'est-il pas révoltant
D'entendre contre un père éclater son enfant?
Mais Dieu se détournant de l'orgueil qui s'égare
De ses plus nobles dons pour lui se montre avare.

CAMILLE.

Il n'en est point ainsi de vos enfants, Seigneur,
Vous éclairez leurs pas, soutenez leur vigueur.
Dieu ne compte jamais les dons qu'il leur accorde,
Prodiguant les trésors de sa miséricorde,
Il abaisse souvent ses regards paternels
Sur ceux qui vont prier aux pieds de ses autels.
Comme on vit autrefois la pauvre Moabite
Que le riche Booz accueille et qu'il invite,
A venir dans son champ pour glaner des épis,
Des plus rares présents Dieu comble ses amis.
Nous en pourrions citer d'innombrables exemples :
Oui les plus beaux talents se trouvent dans ses temples.
Saint Paul à nous d'abord paraît tel qu'un géant
Et de tous les docteurs il semble le plus grand.
Grégoire avec Basile et le docte Jérôme
Se montrent près d'Ambroise et de Jean Chrysostome ;
Le plus fécond de tous est saint Thomas d'Acquin
Qui vint par ses travaux surpasser Augustin ;
Après avoir nommé le grand saint Athanase
Nous rendrons un hommage à l'humble saint Ignace,
Mais n'allons pas plus loin, il faut nous arrêter.
Parmi tous ces grands noms il faut encor citer
Fénelon, Bossuet, par leur talent insigne

Tous les deux réunis, car l'aigle est près du cygne (1),
Saint Bernard, saint François dont l'aimable douceur
Des pécheurs endurcis savait toucher le cœur.
Après ces grands docteurs, si dignes de mémoire,
Qui des amis de Dieu peut contester la gloire ?
Dieu pour récompenser ses humbles serviteurs
Fait naître sous leurs pas et des fruits et des fleurs.

GONZALVE.

Jamais on ne verra dans leurs steppes stériles
Mûrir ces fruits exquis et ces moissons fertiles !

CAMILLE.

Quand plein de confiance, on l'implore humblement
Et quand notre âme à Dieu s'attache fortement,
Alors il vient en nous, il féconde, il inspire ;
On peut tirer des sons de la plus frêle lyre,
On ose tout tenter par son secours divin,
Et l'eau, comme à Cana, peut se changer en vin,
A la plus humble Muse il peut donner des ailes,
En la guidant lui-même aux sphères immortelles.
Quand l'Esprit-Saint pour nous entr'ouvre son trésor
Le métal le plus vil peut se changer en or ;
Mais jamais le chrétien ne peut s'en faire accroire
Et ce n'est pas à lui qu'en appartient la gloire,
Et plus il en reçoit, plus il sent son néant !
Prosterné devant Dieu, tel qu'un timide enfant,
Le front dans la poussière, adore, s'humilie
Et dit du fond du cœur : O sagesse infinie !
Mon soleil de justice et mon inspirateur,
Mon unique trésor, mon Dieu, mon créateur,
Sans vous mon pauvre esprit serait comme la terre
Sans les rayons brillants de l'astre qui l'éclaire,

(1) On sait que l'on désigne Bossuet sous le nom d'Aigle
de Meaux et qu'on surnomme Fénélon le Cygne de Cambrai.

Il resterait stérile et ne produirait rien.
Vous êtes ma lumière et mon souverain bien,
Seigneur, de plus en plus, faites que je vous aime
Plus que tout autre objet et bien plus que moi-même,
Que s'élevant vers vous plus de cent fois le jour
Mon cœur à chaque instant fasse un acte d'amour !
Oui ! quand on sait aimer de tout on est capable,
Rien ne semble impossible à l'amour véritable,
On a ce ferme espoir, cette robuste foi
Qui dit à la montagne : A l'instant, jette-toi
Dans les flots de la mer. Franchissant la distance,
A ce commandement la montagne s'élance !...
Jésus passait un jour près d'un pauvre lépreux
Epuisé, languissant, rongé d'un mal affreux
Et qui des médecins n'attendant nul remède
Se jette à ses genoux, l'invoque, l'intercède :
Seigneur, si vous voulez vous pouvez me guérir.
Ayez pitié de moi, daignez me secourir !
Voyez : je suis atteint d'un mal insupportable....
Il s'arrête aux accents de sa voix lamentable,
Touché de sa pâleur, de son air suppliant,
Le Sauveur d'un seul mot le guérit à l'instant.
Rien ne peut résister à son pouvoir suprême
Le lépreux fut guéri, nous le serons de même.
Tout cède et obéit dès qu'il a dit : *Je veux*,
Il s'opère soudain un fait miraculeux ;
Quand Jésus parcourait jadis la Palestine,
Passait faisant le bien et prêchant sa doctrine
Je crois entendre encore venant de Jéricho,
Apportés jusqu'à moi par un lointain écho,
De l'aveugle affligé, qui crie et se lamente,
Les sourds gémissements et la voix suppliante,
Ces cris, ces cris touchants, que lui dicte la foi :
Jésus, fils de David, ayez pitié de moi !
Excédés de ses cris et de son insistance,
Tous voudraient l'écarter, le réduire au silence ;

Mais de son mal enfin, Jésus veut s'informer :
Quel est ce malheureux? Que vient-il demander?
Ah ! Seigneur, que je puisse enfin voir la lumière
Qui toujours se dérobe à ma triste paupière.
Sitôt qu'il a parlé, quel prodige étonnant!
Soudain le jour pour lui se dévoile à l'instant,
Du Sauveur sa demande est à peine entendue
Que des flots de clarté jaillissent à sa vue!
C'est la clef de David qui sait ouvrir les cœurs,
Les lier à jamais par des attraits vainqueurs.
Oui ! celui qui du ciel reçut cette puissance
Peut seul régénérer, renouveler la France,
Si pleins d'une foi vive et d'un ardent amour
Avec un cœur contrit nous prions chaque jour.

GONZALVE.

Jadis Génézareth jouit de ce spectacle,
Plus de mille témoins attestent ce miracle,
Que tout malade enfin touchant son vêtement
Recouvra la santé, guérit subitement.
Oui son divin contact nous change, nous transforme,
Et dans les mœurs bientôt s'opère une réforme.
Tel est du Rédempteur le pouvoir souverain
Inoculant en nous un élixir divin,
Il sait nous consoler, nous remplir d'allégresse,
Il a toujours pour nous des trésors de tendresse.
Il nous rend la santé, dissipe la langueur
Au roseau le plus frêle il rendra la vigueur.

CAMILLE.

Ne nous appuyons pas sur la faiblesse humaine;
Attachons-nous à Dieu comme le lierre au chêne,
Qu'il soit tout notre espoir, notre plus ferme appui,
Seuls nous ne pouvons rien, nous succombons sans lui;
Et faisant jaillir l'eau des rocs les plus arides
De nos cœurs altérés il peut combler les vides.

Dieu seul est tout-puissant, Dieu seul peut nous bénir.
Contre nos ennemis il peut nous soutenir,
Et plus on le connaît, plus on a confiance,
Car plus on sait combien son pouvoir est immense.

GONZALVE.

Combien sont malheureux les cœurs indifférents,
N'offrant jamais à Dieu leurs vœux ni leur encens!
Et qui jamais à Dieu n'adressent de prière
Ignorant les grandeurs de leur céleste père.

CAMILLE.

Seigneur, celui qui veut trouver la vérité
Doit toujours pour compagne avoir l'humilité ;
Il faut d'abord, il faut pour la voir apparaître
La souhaiter enfin, désirer la connaître,
Lever les yeux au ciel, prier incessamment :
Dieu se dévoile alors à notre entendement,
On sent, on croit, on aime et Dieu se manifeste.
C'est un fait évident qu'ici je vous atteste.
Entre l'âme et son Dieu, télégraphe divin,
Oui la prière exerce un effet surhumain ;
Mais quand l'homme orgueilleux se confie en lui-même,
Dédaigne d'invoquer la majesté suprême,
Bientôt autour de lui règne l'obscurité,
Il ne voit plus du ciel la divine clarté.
Nul ne peut ignorer que beaucoup de science
Double notre raison et notre intelligence ;
Mais les demi-savants, vains et présomptueux,
Aux célestes clartés ferment toujours les yeux.
De celui qui sait peu l'orgueil est l'apanage ;
Mais la simplicité fut toujours le partage
Du savant véritable ; un savant consommé
D'un orgueil révoltant n'est jamais animé,
Celui qui sait beaucoup reste toujours modeste,
De Newton, de Cuvier, l'exemple nous l'atteste.

Offrant à Dieu toujours des hommages, des vœux,
Tels que des fils soumis, tendres, respectueux,
Le Seigneur daigne alors prêter son assistance
Au disciple soumis et plein de confiance
Qui confesse humblement son incapacité,
Reconnaît son néant, sa triste nullité.

GONZALVE.

Celui qui se confie en sa vaine science
Et refuse du ciel la divine assistance ;
Ne voulant écouter que sa propre raison
Ne voit plus devant lui qu'un étroit horizon ;
Ne pouvant plus jamais s'élancer dans l'espace
Du sublime et du beau toute notion s'efface.
La cause principale est son impiété,
L'ignorance, l'orgueil et la cupidité.
Tel qu'un aigle captif à qui des mains cruelles
Ont arrêté le vol en lui coupant les ailes,
Au sort le plus affreux pour toujours condamné.
Ah ! qui ne plaindrait pas un pauvre infortuné,
Qui les yeux obscurcis, privés de la lumière,
Aux dépens de l'esprit exalte la matière.
Oui je crois voir un homme, au moment du réveil,
Apercevant soudain les rayons du soleil
Tourner le dos au jour, refermer la paupière
Pour ne pas admirer cet astre qui l'éclaire !

CAMILLE.

Je les plains d'autant plus qu'ils ignorent leur mal,
Subjugués, fascinés par un orgueil fatal
Dont l'hypocrite voix abusant ces victimes
Par des sentiers fleuris les conduit aux abîmes ;
La corne d'abondance est toujours dans leurs mains,
Ils savent, disent-ils, multiplier les pains
Par leur sagacité terrasser la misère
Et ramener enfin l'âge d'or sur la terre.

GONZALVE.

Oui tels sont en effet leurs discours imposteurs
Et les programmes faux de ces libres-penseurs.
Du plus brillant esprit lorsque l'orgueil s'empare
Il tombe à chaque pas, il trébuche, il s'égare :
Gardons-nous, croyez-moi, d'obéir à l'orgueil !
Pour beaucoup de Français c'est un funeste écueil.
On le sait, de nos maux l'orgueil est l'origine,
Il offusque l'esprit, nous séduit, nous fascine,
Nous conduit par la main dans l'antre ténébreux.
D'où l'on n'aperçoit plus la lumière des cieux,
Et l'on n'en peut sortir que quand humble et docile
On obéit enfin aux lois de l'Evangile.
Répétant ce que dit un sage Athénien :
Oui tout ce que je sais, c'est que je ne sais rien ! (1)

CAMILLE.

Le sage de Biran nous raconte lui-même
Que pendant quarante ans il chercha ce problème,
Mais il le cherche en vain, sans un fil conducteur
On ne peut plus sortir du temple de l'erreur ;
Il poursuit sa recherche, il tâtonne, il hésite,
La vérité toujours échappe à sa poursuite.
Dès que pour auxiliaire il prend l'humilité
Tel qu'un astre brillant il voit la vérité,
De nos livres sacrés l'origine divine,
L'horizon devant lui tout à coup s'illumine,
De l'illustre pêcheur prononce le serment :
« Oui ! vous êtes le Christ fils du Dieu vivant. »
Il comprend, il adore, il croit et il espère,
Il est comme un enfant qui retrouve son père,
Il sait enfin l'objet qu'il fallait adorer,
Dans l'obscur labyrinthe il ne va plus errer.

(1) Socrate.

Il dit : Je l'ai trouvé, tel qu'un autre Archimède,
Ce Dieu qu'il poursuivait, enfin il le possède !
Tous ses vœux sont comblés ! à partir de ce jour,
Il s'abreuve à longs traits aux sources de l'amour
Et de ce feu sacré la pure et chaste flamme
Soudain vient féconder, électriser son âme.
Dans un journal intime, il vient nous raconter
Les divers sentiments qui venaient l'agiter ;
Alors dans des transports qu'on ne saurait décrire
Il voit la vérite, de plus en plus l'admire,
Et tel qu'un voyageur gravissant l'Apennin
Voit élargir l'espace et l'horizon lointain,
Plus le chrétien fervent avance dans la vie,
Et plus de sa croyance il sent la poésie,
Son admiration va toujours grandissant.

GONZALVE.

Oui, plus il l'étudie et plus il la comprend,
Plus il aime son Dieu, plus sa foi s'enracine,
Plus il en reconnaît la céleste origine
Et plus la vérité, par un juste retour,
Resplendit à ses yeux comme l'astre du jour.
Celui qui cherche Dieu reçoit pour récompense
Les dons de l'Esprit-Saint avec l'intelligence,
L'Evangile ravit par sa simplicité,
On reconnaît partout le Dieu de vérité ;
C'est la mauvaise foi, la profonde ignorance
Qui de ce Dieu puissant contestent l'existence,
Aberration d'esprit, aveuglement fatal !

CAMILLE.

Mais quoi ! de la retraite on donne le signal !
Près de l'Observatoire un endroit solitaire
Présente aux promeneurs un abri tutélaire,
Nous pouvons y poursuivre en paix notre entretien,
C'est à deux pas d'ici, nous y serons très-bien.

GONZALVE.

Dans de tels entretiens je crois que le temps vole ;
Captivé par leur charme et par votre parole
Je voudrais bien pouvoir en suspendre le cours
Afin de prolonger plus longtemps nos discours.

CAMILLE.

Seigneur le résultat de cette conférence
C'est que nous pouvons voir en Espagne et en France
Avant qu'il soit longtemps l'ordre se rétablir,
Le calme reparaître et la paix refleurir,
Et nous débarrasser du mal qui nous obsède,
Que pour nous en guérir il n'est qu'un seul remède,
C'est de suivre les lois du divin Rédempteur,
C'est de lui consacrer notre esprit, notre cœur ;
Et surmontant bientôt tous les efforts du vice,
Nous allons, sur les pas du soleil de justice,
Suivre sans dévier le sentier lumineux,
Et sortir pour jamais de l'antre ténébreux
Où l'orgueil et l'erreur vont forger leurs systèmes,
Et qui peut-être un jour nous séduiraient nous-mêmes.
Nous pourrons vivre en paix et passer d'heureux jours
Par sa protection et son puissant secours ;
Nul ne subira plus la funeste influence
De ces libres penseurs, le fléau de la France.

CAMILLE.

Je suis de votre avis et je crois fermement
Que Dieu seul peut guérir et radicalement
Du pauvre genre humain les profondes blessures,
Cicatriser enfin toutes nos meurtrissures ;
Oui, médecin suprême, il peut dans un instant
Apaiser d'un seul mot cet état violent.
Sans lui l'homme impuissant cherche, hésite, tâtonne,
Sans le secours du Ciel il ne guérit personne,

Et souvent, par malheur, d'ignobles charlatans
Loin de les adoucir, aggravent ses tourments ;
Sans lui, sans son appui on ne fait rien de stable,
Et tel qu'un insensé qui bâtit sur le sable,
L'édifice bientôt, privé de fondement,
S'affaisse sur lui-même, au moindre effort du vent.

GONZALVE.

Celui qui, constamment, vit dans la solitude,
Qui de la vérité fait son unique étude,
Pour lequel Jésus est le meilleur des amis,
A son intimité sera bientôt admis ;
Quand loin des bruits du monde, il l'écoute en silence,
Il vient dans un cœur humble apporter la science,
Et il en apprend plus par ses enseignements
Que de savants docteurs n'apprennent en vingt ans.
Et c'est en méditant sans cesse l'Evangile
Qu'on peut être éclairé dans un cas difficile,
Oui c'est bien vainement que les législateurs
Veulent changer le monde et réformer les mœurs,
Car si Dieu de leurs lois n'est pas la clef de voûte,
Ils ne font rien de bon, ils se trompent de route.

CAMILLE.

Ah ! puisse du malheur la sévère leçon
Ouvrir enfin nos yeux, mûrir notre raison,
Après tant de revers vienne enfin nous apprendre
Ce qu'à tout l'univers je voudrais faire entendre !
Dieu seul peut mettre un terme aux révolutions,
Et peut seul apaiser les insurrections.
Nous pouvons l'affirmer, oui, c'est le christianisme
Qui peut seul expulser, terrasser l'égoïsme ;
C'est notre ferme appui, c'est notre unique espoir,
Il peut, en exerçant son céleste pouvoir,
Au milieu des écueils que la France côtoie
Nous faire retrouver la véritable voie,

En enseignant à tous le but providentiel,
En montrant le chemin qui conduit vers le ciel.
Respectons-le toujours, pour que Dieu nous bénisse
Afin que la vertu sur notre sol fleurisse !
Observons de la loi les dix commandements,
De l'ordre, de la paix, solides fondements,
Nous sèmerions en vain, si le Seigneur lui-même
Ne vient nous seconder par son secours suprême ;
S'il nous délaisse enfin, s'il ne nous bénit pas,
Tous nos efforts sont vains, nous perdons tous nos pas !
Sans le secours de Dieu le champ reste stérile,
Sa bénédiction le rend riche et fertile.
Seuls nous ne pouvons rien. Redisons donc toujours :
C'est à vous seul Seigneur, que nous avons recours,
Vous priant humblement de transformer nos âmes,
D'allumer en nos cœurs de séraphiques flammes,
De ranimer en nous l'espérance et la foi,
De nous apprendre enfin à suivre votre loi ;
Et que nous vous devons amour, reconnaissance,
Le plus tendre respect avec l'obéissance.
Aimez, adorez Dieu, premier commandement,
Aimez votre prochain, voilà son complément.
Dieu répandrait ses dons sur le peuple fidèle
Que l'univers prendrait pour guide et pour modèle.
Tel resplendit au loin ce phare lumineux
Projetant ses clartés sur un ciel ténébreux.
Aimons notre prochain, secourons tous nos frères
Par des soins assidus soulageons leurs misères,
De ces infortunés partageons les douleurs,
Que des plus affligés nos mains sèchent les pleurs.
Sur tous les malheureux, providence visible,
Epanchons les trésors d'un cœur tendre et sensible
Et qu'un saint zèle en nous ne soit jamais tari.
Suivons les bons conseils de l'apôtre chéri,
Nous recevrons de Dieu l'immortel héritage
Et le bonheur du ciel sera notre partage.

GONZALVE.

Pour mes concitoyens je fais les mêmes vœux,
Brûlant de voir finir des temps si malheureux.
Non, Seigneur, mon bonheur ne se pourrait décrire
Si j'entendais bientôt chaque Espagnol redire :
 « Transformé par la grâce, oui je sers le Seigneur,
 « De ses commandements fidèle observateur,
 « Et cet amour divin m'ennoblit et m'élève,
 « Vient dilater mon cœur, vers le ciel me soulève.
 « Depuis que j'aime Dieu, je chéris mon prochain,
Ouvrant à l'indigent et mon cœur et ma main,
 « Je m'impose pour lui les plus grands sacrifices,
 « A remplir ce devoir je trouve mes délices,
 « Et le Seigneur, pour prix de ma fidélité,
 « Medonne ces deux biens, paix et félicité. »
Ce serait pour Gonzalve un plus beau jour de fête,
Que si du monde entier il eût fait la conquête.
— Quoi déjà ! minuit sonne, il faut nous retirer.
O moment douloureux qui vient nous séparer !

CAMILLE.

Seigneur, vous m'inspirez un intérêt si tendre
Que j'ose vous prier de vouloir bien m'apprendre,
Quand vous serez rentré dans votre humble manoir.
J'aurai, n'en doutez pas, le plaisir de vous voir
Oui, j'en fais le serment, même avant deux années
Pour vous serrer la main passant les Pyrénées,
De ces trop courts instants me souvenant toujours,
De nos doux entretiens nous reprendrons le cours.
Il existe un proverbe exaltant votre ville,
Qui dit : On n'a rien vu si l'on n'a vu Séville,
Et je désire enfin m'assurer par mes yeux
De ce que votre ville offre de merveilleux.
Depuis plus de dix ans je remets ce voyage,
A l'entreprendre enfin devant vous je m'engage ;

Par tant de voyageurs je l'entendis vanter
Que quelque jour enfin je veux la visiter.

GONZALVE.

Quel fortuné moment et quel beau jour de fête
Si je vous recevais dans mon humble retraite,
Que tous deux rassurés sur notre cher pays,
Tranquilles, satisfaits, nous étions réunis.
Oui, je veux cultiver cette douce espérance
Qui va donner un charme à ma triste existence.

CAMILLE.

Oui nous nous ressemblons, oui nos âmes sont sœurs,
Confondons nos soucis, confondons nos douleurs,
Étroitement unis par cette ressemblance
Serrons, serrons les nœuds d'une étroite alliance,
Et, si vous m'en croyez, cet art consolateur
Qui confie au papier les sentiments du cœur (1)
Entre nous deux, Seigneur, comblera la distance.
Commençons dès ce jour notre correspondance,
Et si mon amitié pouvait vous alléger
Les soucis de l'exil et rendre plus léger
Le fardeau si pesant qui toujours vous accable,
Si votre sort enfin est moins insupportable
Je rendrai grâce au ciel et bénirai mon sort ;
Oui, vous pouvez compter sur moi jusqu'à la mort.
Si je ne devais plus vous revoir sur la terre,
Priez, priez pour moi comme pour votre frère,
Et pour vous à l'église au pied du saint autel,
Je vous promets aussi d'implorer l'Éternel.

GONZALVE.

J'admire vos vertus et déjà je vous aime,
Vous regardant déjà comme un autre moi-même.

(1) Delille.

Oui, généreux Français, noble consolateur,
Par vos sages discours vous ranimez mon cœur,
Oui, je veux espérer, j'accepte ce présage,
Et je veux dès ce jour rappeler mon courage.
Que ne m'est-il donné de vous voir quelquefois,
D'entendre les accents de votre douce voix !
Mais non, il faut partir ; telle est ma triste vie
Je vous quitte à regret, et mon âme ravie
De votre aimable accueil conservera longtemps
Le plus doux souvenir de ces trop courts instants.

CAMILLE.

Je puis en dire autant, je vous quitte avec peine
Le penchant le plus doux, seigneur, vers vous m'entraine,
Les yeux baignés de pleurs je vous fais mes adieux
Si je ne devais plus vous retrouver qu'aux cieux !
Rendez-vous général, où vont les nobles âmes,
Qu'anime la vertu de ses célestes flammes.

UN CATHOLIQUE.

Paris, 2 septembre, jour de saint Justin.

PARIS. — E. DE SOYE ET FILS, IMPR., 5, PL. DU PANTHÉON.

www.ingramcontent.com/pod-product-compliance
Ingram Content Group UK Ltd.
Pitfield, Milton Keynes, MK11 3LW, UK
UKHW031749170726
13836UKWH00002B/951